Dieses Buch kann alleine lesen:

____

Die besten Abenteuer-Silben-Geschichten

CARLSEN

Silbe für Silbe zum Lese-Erfolg

Liebe Eltern,

Leseanfänger lesen langsam. Sie müssen jedes Wort Buchstabe für Buchstabe, Silbe für Silbe erlesen. Alle Wörter der Geschichten in diesem Band sind in farbigen Silben markiert. Diese kurzen Buchstabengruppen können Leseanfänger schneller erfassen als das ganze Wort.

Bei den markierten Silben handelt es sich um Sprechsilben. Das heißt, die Wörter sind so in Silben aufgeteilt, wie sie gesprochen werden. Die Sprechsilben entsprechen fast immer auch der möglichen Worttrennung, also den Schreibsilben.

Nur bei der Trennung einzelner Vokale gibt es einen Unterschied: Nach den aktuellen Rechtschreibregeln werden einzelne Vokale am Wortanfang oder -ende nicht abgetrennt. Beim Sprechen unterteilen wir solche Wörter jedoch in mehrere Silben, daher sind sie in diesem Band ebenfalls mit unterschiedlichen Farben markiert: Oma, Radio.

Ihnen und Ihrem Kind viel Spaß beim Lesen!

Inhalt

Rosa und das Gespenst

Eine Geschichte von Manuela Mechtel

mit Bildern von Sigrid Leberer

Ein Ausflug zur Burg

Die ganze Familie fährt
zur Burg Eckstein.
„Gibt es da auch Ritter?“,
fragt Rosa aufgeregt.
Ihr Papa lacht:
„Höchstens als Gespenst.
Huhu!“
Rosa ist sauer.
Gespenster gibt es doch gar nicht!

Die Straße windet sich in Kurven
einen steilen Berg hoch.
Rosa wird schlecht.
Lukas schläft.
Er ist noch ein Baby.
Er hat es gut!
Endlich sind sie da.
Ein Mann mit karierten Pantoffeln
verkauft die Eintrittskarten.
Er zwinkert Rosa zu:
„Na, kleines Fräulein?
Hast du keine Angst
vor dem Gespenst?“

Kaum sind sie in der Burg drin,
schreit das Baby.
„Lukas hat Hunger“,
meint Rosas Mama und
setzt sich auf eine Bank.
Papa meint gut gelaunt:
„Sieh dich doch alleine um!
Und grüß mir das Gespenst!“
„Du und dein Gespenst!“,
ärgert Rosa sich.
„Das kannst du dem Baby erzählen,
aber nicht mir!“

Im Turm führt eine Treppe nach unten

und eine Treppe nach oben.

Rosa steigt nach unten.

Leider hat sie keine Taschenlampe.

Aber es ist nicht dunkel.

Eine Fackel brennt an der Wand.

Daneben lehnt bleich ein Gespenst!

Rosas Knie werden weich.

Leserätsel

Welche Straße führt zur Burg Eckstein?

Was verkauft der Mann vor der Burg?
Kreuze an und ergänze die fehlenden Buchstaben.

- [ ] EI _ KU _ ELN 
- [ ] EI _ TR _ TTS _ A _ TEN 
- [ ] EI _ _ AGSFL _ _ GEN 
- [ ] EI _ ENKET _ EN 

Hier versteckt sich ein Gespenst am liebsten! Verbinde die Bilder mit dem passenden Wort.

Im Briefkasten

Unter der Bettdecke

Im Burgturm

In der Badewanne

Im Burggraben

Im Brotkasten

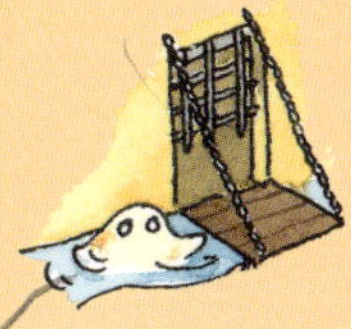

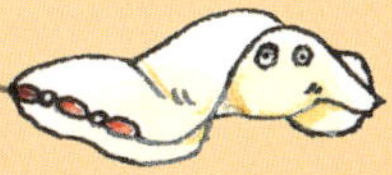

Hilfe, ein Gespenst!

Das Gespenst kommt auf Rosa zu.
An seiner linken Hand hängt
eine schwere Eisenkette mit
einer Kanonenkugel daran.
Die zieht es hinter sich her.
Rosa will weglaufen,
aber ihre Füße gehorchen ihr nicht.
Sie macht den Mund auf,
um zu schreien.
Aber es kommt kein Ton heraus.

„Besuch!“, ruft das Gespenst.

Rosa sagt immer noch nichts.

Das Gespenst verneigt sich.

„Gestatten: Ritter Kuno von Eckstein.

Und wer bist du?“

Rosa schüttelt den Kopf.

„Ritter sehen anders aus“, flüstert sie.

„Das weiß ich ganz genau!“

Oder?

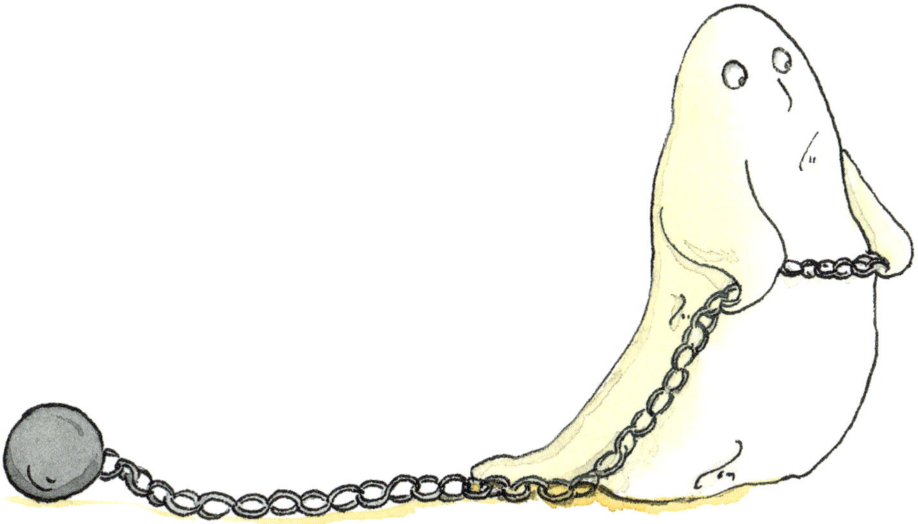

Das Gespenst ist
von Kopf bis Fuß weiß.
Seine Augen funkeln dunkel
aus zwei runden Löchern.
Es hebt die linke Hand.
„Seit 500 Jahren bin ich an diese
Eisenkette gekettet.
Elend verhungert bin ich hier unten!
Nachdem Otto der Schreckliche
meine Burg erobert hat.“

„Warum bist du nicht weggelaufen?“,
fragt Rosa zitternd.
„Wie denn?“, lacht das Gespenst bitter.
„Der Schuft hat die Tür abgesperrt.
Und Fenster gibt es hier unten nicht!
Fünfzig Jahre hat er
in der Burg gehaust.
Erst nach seinem Tod
wurde die Tür geöffnet.“
Atemlos ruft Rosa: „Ich dachte,
es gibt gar keine Gespenster!“

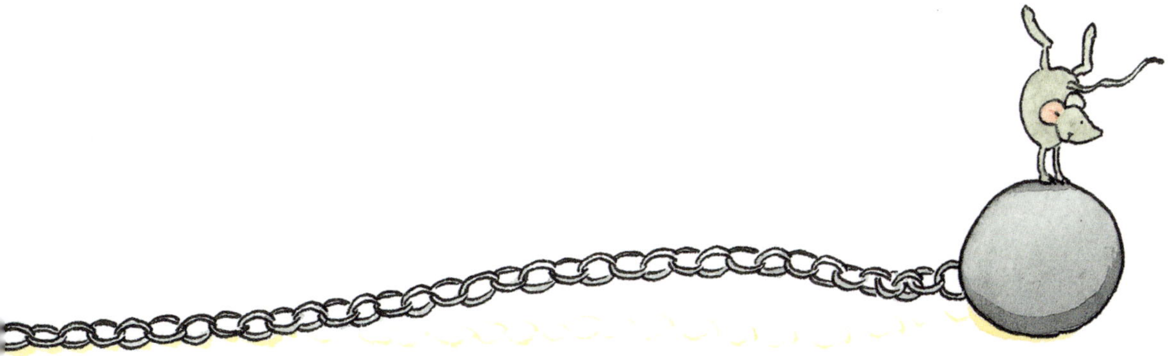

Leserätsel

Woran erkennt man ein echtes Gespenst? Nur eine Antwort ist falsch!

- [x] Es kann durch Mauern gehen.
- [x] Es kann schweben.
- [ ] Es kann schwimmen.
- [x] Es kann sich unsichtbar machen.
- [x] Es hat nur eine Zehe und einen Zahn.

Wer ist das Gespenst, das Rosa trifft?

Doktor Mabuse

Frankenstein

Froschkönig

Dracula

Kuno von Eckstein

Otto der Schreckliche

Wann wurde er ermordet?

- [ ] Vor 1 Million Jahren
- [ ] Vor 500 Jahren
- [x] Vor fünfzig Jahren
- [ ] Vor fünf Minuten

Papa muss ganz tapfer sein

Rosa steigt die Treppe wieder hoch.

Das Gespenst kommt mit.

Die schwere Eisenkugel trägt es

unter dem Arm.

Sie laufen auf den Turm hinauf,

bis ganz nach oben.

Hier scheint die Sonne.

Rosa blickt weit über das Land.

Die Autos auf der Straße unten

sehen ganz klein aus.

„Als das alles noch mir gehörte“,

sagt das Gespenst,

„gab es keine Autos.

Wir ritten auf Pferden,

wir heizten mit Feuer und

wir kämpften mit Schwertern.

So war das,

mein kleines Fräulein!“

Rosa stutzt.

In der hellen Sonne sieht sich Rosa
das Gespenst noch einmal
ganz genau an, von Kopf bis Fuß.
Irgendetwas ist seltsam.
Seine Augen funkeln
nicht mehr so dunkel.
Und unten an den Füßen
trägt es karierte Pantoffeln!

„Ich hab es doch gewusst!“, lacht Rosa.

„Es gibt gar keine Gespenster!“

In dem Moment schallt

eine Stimme durch den Turm:

„Rosa?“

„Das ist mein Papa“, sagt Rosa.

„Kannst du den auch mal erschrecken?“

Das Gespenst nickt.

In der Eile denkt es nicht

an seine Eisenkugel.

Die poltert die Treppe hinab und

reißt das Gespenst hinter sich her!

Das Gespenst schreit vor Schreck.

Rosas Papa auch, als er ein Gespenst

an einer Kette auf sich zurasen sieht!

Das Gespenst fällt auf ihn drauf,

rappelt sich schnell hoch

und flieht durch die Tür ins Freie.

„Was war das?“, keucht Papa.

„Ritter Kuno“,

erklärt Rosa freundlich.

Abends im Auto sitzt ihre Mama
am Steuer und ihr Papa hinten.
Er hält Rosa im Arm,
damit ihr nicht wieder schlecht wird.
Das Baby schläft.
Rosas Papa grübelt:
„Wo kam dieses Gespenst nur her?!
Bitte lauf nie wieder alleine
in einer Burg herum, mein Schatz!“
Rosa lächelt.

Infoseite
Das braucht ein Gespenst zum Spuken:

Eisenketten mit Kanonenkugel,
nur für Gespenster, die kräftig sind

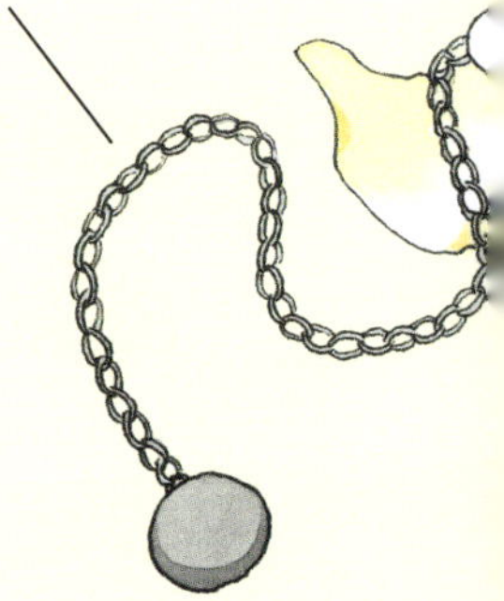

Gruselige
Spinnennetze
in den Ecken

Feuerfackel oder Kerzen,
die geheimnisvoll flackern

Schaurige Stimme,
wenn das Gespenst
spricht

Eingetrockneter Blutfleck
auf dem Boden

Kalter Luftzug,
wenn das Gespenst
um die Ecke kommt

Eine schicke
alte Burg

Weißes Gewand,
in dem die Augen aus
Löchern gucken

Seil an der Decke,
um zu schweben

Schlüsselbund mit
riesigen Schlüsseln

Geheimtür in der Wand,
um durch Wände zu gehen

Lösungen

S. 14/15:

Der Mann vor der Burg verkauft EINTRITTSKARTEN.
Er verkauft keine Eiskugeln, Eintagsfliegen oder Eisenketten.
Hier siehst du, wo sich ein Gespenst am liebsten versteckt:

Im Briefkasten
Unter der Bettdecke
Im Burgturm
In der Badewanne
Im Burggraben
Im Brotkasten

S. 20/21:

Ein echtes Gespenst kann nicht schwimmen.
Rosa trifft Ritter Kuno von Eckstein.
Der Ritter wurde vor 500 Jahren ermordet.

Max ist ein Vampir

Eine Geschichte von Christian Tielmann

mit Bildern von Sabine Kraushaar

Die Einladung

Max bekommt einen Brief

von seinem Freund Jakob.

Es ist eine Einladung.

Jakob feiert einen Grusel-Geburtstag.

Max soll sich verkleiden.

Max verdreht die Augen.

„Da lachen ja die Hühner!“

Jakobs Geburtstage sind

immer langweilig.

Die Mutter von Jakob holt nämlich immer ihre Gitarre und singt.
Das wird bestimmt nicht gruselig!
Aber Max ist kein Spielverderber.
Er will sich als Vampir verkleiden.
Er zieht einen Umhang an, eine schwarze Hose und einen schwarzen Pullover.
Seine Mama schminkt sein Gesicht weiß.

Mit Schminke malt Max sich
rote Tropfen unter den Mund.
Das soll das Blut sein.
Und er holt seine Zähne.

Die sind aus Plastik,
sehen aber echt aus.
„Du bist ja so blass, Max“, sagt Papa.
„Leg dich lieber ins Bett.“
Aber Mama lacht.
„Max ist fit wie ein Turnschuh!
Er ist nur ein Vampir!“

Max schaut in den Spiegel.

Er ist zufrieden.

Ganz schön gruselig sieht er aus!

Leserätsel

Warum hat Max keine Lust
auf den Geburtstag von Jakob?

- [ ] Jakobs Mutter raucht Zigarre. 
- [ ] Jakobs Mutter hat eine Knarre. 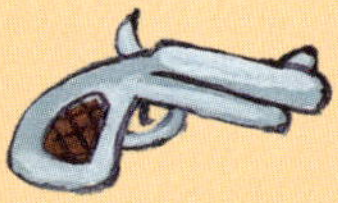
- [x] Jakobs Mutter spielt Gitarre. 

Als was verkleidet sich Max?

Max geht als V a m p i r .

Was braucht Max für sein Kostüm?

Ergänze die fehlenden Buchstaben!

Einen schwarzen P u L L o v e r

Einen roten U m H a n g

Eine schwarze H o s e

Ein weißes G e s i C H t

Seine weißen Z ä H n e aus Plastik

Ein gruseliger Geburtstag

Zu Jakobs Geburtstag kommen
auch andere Kinder.
Pauline ist als Hexe verkleidet.
Sie hat sich ein Kissen als Buckel
unter den Pullover geschoben.
Sie hat einen Besen in der Hand.
Und sie trägt einen bunten Rock
und ein altes Kopftuch.
Dörte ist ein Gespenst.

Jakob ist ein Monster.

Sein Gesicht ist grün angemalt.

Sein Mund ist lila und er hat
dunkle Ringe um die Augen.

Seine Haare sind rosa!

Max findet den Geburtstag
trotzdem langweilig.

Sie essen Kuchen.

Sie geben Jakob
ihre Geschenke.

Dann holt Jakobs Mutter
ihre Gitarre und singt.
Das geht Max auf den Wecker.
Aber Pauline hat eine tolle Idee.
„Wir machen eine Geisterbahn
und erschrecken Jakobs Eltern!“
Sie suchen sich gruselige Sachen.
Pauline holt ein paar Töpfe.
Max leiht sich die Gitarre.

Dörte holt sich eine Vogelfeder.
Sie machen es ganz dunkel
im Wohnzimmer.

Jakob leuchtet

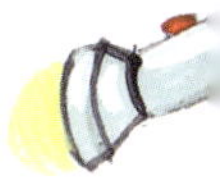

mit einer Taschenlampe.

Max kriecht unter den Tisch.

Pauline steht hinter der Tür.

Hinter dem Sofa liegt Dörte.

Und Jakob klettert

auf den Schrank.

„Ihr könnt kommen,

wenn ihr euch traut!“,

ruft er.

Seine Eltern kommen

in das Zimmer.

Leserätsel

Wer hat sich als was verkleidet?
Verbinde jede Person mit dem richtigen Kostüm!

Was wollen die Kinder machen?

- [ ] Einen Kleisterhahn
- [x] Eine Geisterbahn
- [ ] Einen weißen Schwan
- [ ] Einen Meisterkran

Wie kommen Jakobs Eltern durch die Geisterbahn?

Die Eltern gruseln sich

Pauline fängt an,

mit den Töpfen zu klappern.

Max macht schaurige Geräusche

auf der Gitarre.

„Setzt euch auf das Sofa!“,

ruft das Monster vom Schrank.

Jetzt faucht der Vampir

unter dem Tisch.

Das Gespenst kitzelt die Eltern

mit der Vogelfeder im Nacken.

Und das Monster leuchtet wild
mit der Taschenlampe herum.
Jakobs Eltern reißen vor Schreck
die Augen auf.
Und sie machen sich vor Angst
fast in die Hose.
„Hilfe!“, flüstert Jakobs Mutter.
„Könnt ihr bitte wieder Licht machen?“,
fragt Jakobs Vater.

„Ihr Angsthasen!“, rufen die Kinder
wie aus einem Mund.
Jakob zündet eine Kerze an.
Sein Vater holt ein dickes Buch.
Er setzt seine Brille auf.
„Jetzt wollen wir mal sehen,
ob ihr nicht auch Angsthasen seid“,
sagt er.
Jakobs Mutter zündet
noch mehr Kerzen an.

Jakobs Vater liest aus dem Buch vor.
Jakobs Mutter macht dazu Geräusche
auf der Gitarre.
Die Geschichte wird so spannend,
dass Max plötzlich aufs Klo muss.
Die anderen Kinder halten sich
die Ohren zu.
„War das Buch gruselig genug?“,
fragt Jakobs Vater.
„O ja“, sagt Dörte.

„So ein schöner Kindergeburtstag“, sagt Jakob am Abend.

„Schön gruselig“, sagt Pauline.

„Ich wünsche mir zu meinem Geburtstag auch etwas Gruseliges“, sagt Max.

„Was denn?“, fragt Dörte.

„Etwa eine Feder?“

„Oder ein gruseliges Buch?“, fragt Jakob.

„Nein! Viel gruseliger!“,
sagt Max und grinst.
„Eine Gitarre.“

Infoseite
Wie man sich als Vampir verkleidet:

Es ist gar nicht schwer,
wie ein echter Vampir auszusehen.
Max macht es dir vor:

Schminke

Pinsel

rot 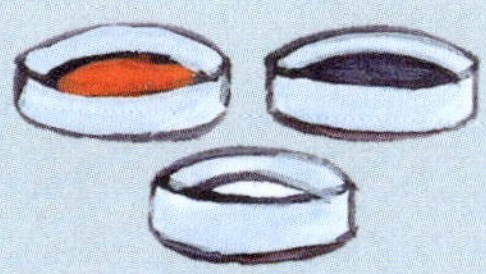 schwarz

weiß

Schwamm

Haargel

Vampirzähne

Die Haare mit viel Haargel zurückkämmen.
Mit dem Schwamm das Gesicht weiß schminken.
Die Lippen mit dem Pinsel rot ausmalen.
Vampirzähne einsetzen und rote Tropfen
auf das Kinn tupfen.
Die Augenbrauen schwarz malen.
Fertig ist der Grusel-Vampir!

Lösungen

S. 38/39:

Jakobs Mutter spielt Gitarre.
Max geht als VAMPIR.
Für sein Kostüm braucht Max
einen schwarzen PULLOVER,
einen roten UMHANG,
eine schwarze HOSE,
ein weißes GESICHT
sowie seine weißen ZÄHNE aus Plastik.

S. 44/45:

Hier siehst du, wie die Kinder
sich verkleidet haben:

Die Kinder wollen eine Geisterbahn machen.
Das ist der richtige Weg durch die Geisterbahn:

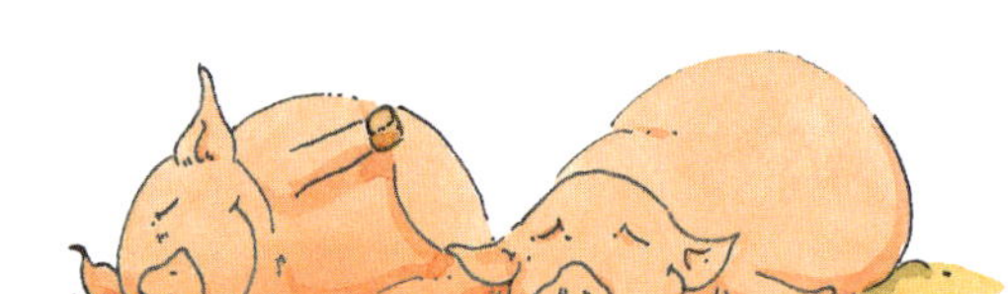

Milla und das verschwundene Ferkel

Eine Geschichte von Petra Wiese
mit Bildern von Sigrid Leberer

Auf zum Bauernhof!

Milla sitzt im Auto.

Sie strahlt mit der Sonne um die Wette.

Denn sie und ihre Mutter fahren

zu Oma auf den Bauernhof.

Dort ist Milla am liebsten.

Ihre Oma hat viele Tiere und

Milla ist eine große Tierfreundin.

„Ob die Ferkel

schon geboren sind?“,

fragt sie unterwegs.

„Bestimmt“, antwortet ihre Mutter.
Nach einer Weile kommt das Auto auf dem Bauernhof an.
Milla begrüßt ihre Oma und fragt sofort nach den Ferkeln.
„Trude hat sieben Ferkel bekommen“, erzählt Oma. „Möchtest du ihnen Namen geben?“
Natürlich möchte Milla das!
Sie rennt gleich zum Schweinestall.

Trude grunzt zur Begrüßung.
Das dicke Schwein liegt im Stroh.
Aber seine Ferkel rennen herum.
Dabei quieken sie aufgeregt.
Milla hebt die Hand.
„Ihr sollt Susi, Cora, Hans,
Willi, Ede und Ida heißen",
sagt sie feierlich.
Nun sind die Ferkel ganz still.
Anscheinend merken sie,
dass sie getauft werden.

„Nanu!“, ruft Milla. „Ein Ferkel sollte doch Niki heißen!“

Milla zählt. Tatsächlich!

Statt sieben sind es nur sechs Ferkel.

Milla sieht sich im Stall um, aber Niki ist nirgendwo zu finden.

Trude blickt mit traurigen Augen umher.

„Ich finde Niki“, sagt Milla. „Versprochen!“

Leserätsel

Womit fahren Milla und ihre Mutter zu Oma?

- C Mit dem Zug
- F Mit dem Fahrrad
- N Mit dem Auto

Was hat Millas Oma?

- I Einen Bauernhof
- P Einen Bahnhof
- A Einen Ponyhof

Wer hat Ferkel bekommen?

- O Milla
- K Trude
- J Niemand

Wie viele Ferkel hat Trude?

I Sieben

F Sechs

B Keins

Die Buchstaben neben den richtigen Antworten ergeben ein Lösungswort:

__ __ __ __

Setze die Anfangsbuchstaben der Ferkelnamen zusammen.

Lösungswort: __ __ __ __ __ __ __

Wo ist Niki?

Milla geht in den Kuhstall.

Oma melkt gerade Mona,

die schönste Kuh im Stall.

„Ich suche ein Ferkel“, sagt Milla.

„Hier sind nur Kühe“, sagt Oma.

„Du musst woanders suchen.“

Milla will zur Tür gehen.

„Warte“, sagt Oma und

gibt Milla ein Glas Milch.

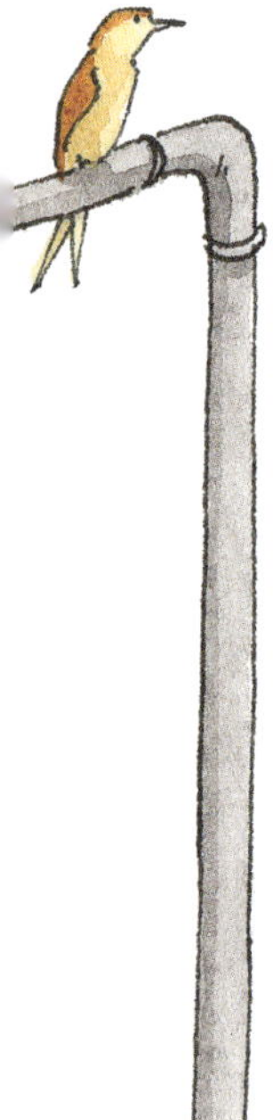

Milla trinkt das Glas in einem Zug aus.
„Lecker! Die Milch schmeckt hier viel besser als zu Hause“, sagt sie.
„Ja, die Milch schmeckt besonders gut, weil meine Kühe nur Heu fressen“, erklärt Oma.
„Füttere sie doch lieber mit Schokolade“, meint Milla. „Dann kannst du Schokomilch melken.“
Oma lacht. „Das wäre schön!“

Nun sucht Milla das Ferkel
beim Ziegengehege.
Die Ziege Hilda hat nur noch ein Horn.
Sie meckert.
Dabei stößt sie mit ihrem Horn
gegen den Zaun.
„Du bist ja zickig heute“, meint Milla.
Sie rupft Gras und füttert die Ziege.
Da wird Hilda ganz lieb.

Mit ihrer rauen Zunge leckt sie
an Millas Hand.
Aber von Niki entdeckt Milla keine Spur.
Da tuckert der Traktor über den Hof.
„Mama, fahr vorsichtig!“, ruft Milla.
„Ein Ferkel ist ausgebüxt.“
Ihre Mutter hält den Traktor an.
„Wo kann es nur sein?“, fragt sie.
„Wenn ich das wüsste“, seufzt Milla.
„Ich mache mir Sorgen
um das Ferkel.“

Leserätsel

Wer ist Hilda?

N Eine Kuh

K Eine Ziege

R Ein Mädchen

Was hat Mona gefressen?

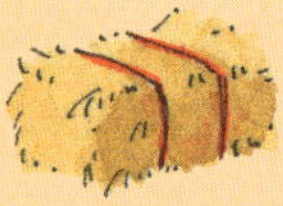

U Heu

D Schokolade

A Brot

Wer fährt den Traktor?

G Hilda

K Milla

H Millas Mutter

Die Buchstaben neben den richtigen Antworten ergeben ein Lösungswort:

__ __ __

Puzzle die Tiere richtig zusammen.

Welches Tier lebt nicht auf dem Bauernhof?

Der __ __ __ __ __ __ __.

Milla gibt nicht auf

„Du wirst das Ferkel sicher finden“,
sagt Millas Mutter.
Vorsichtig fährt sie
mit dem Traktor weiter.
Milla denkt nach.
Ob Niki im Garten ist?
Im Garten ist es ganz still.
In den Beeten wachsen Erbsen,
Bohnen und Gurken.

„Oh nein!“, stöhnt Milla.

Denn hier ist das Ferkel auch nicht.

Plötzlich hört Milla ein lautes Fauchen.

Ach du Schreck!

Die Gans watschelt um die Ecke.

Sie hat immer schlechte Laune.

Nichts wie weg!

Milla rennt zu den Hühnern.

Sie picken im Misthaufen.

Ganz oben sitzt der Hahn

und kräht.

Milla grinst.

„Deine Uhr geht falsch!“,

sagt sie zu ihm.

„Es ist schon Mittag.“

Da zerrt der Hahn einen Wurm
aus dem Misthaufen.
„Bäh!“, sagt Milla.
„Hühner fressen wirklich alles.“
Hinter dem Misthaufen hat sich
das Ferkel auch nicht versteckt.

Milla denkt scharf nach.

Nur im Haus hat sie Niki

noch nicht gesucht.

Also geht sie nun dorthin.

Nachdem Milla die Tür geöffnet hat,

lacht sie sich kugelig.

Denn tatsächlich:

Hier ist Niki!

Das Ferkel nascht Milch

aus dem Napf von Omas Katze.

„Du Ausreißer“, sagt Milla,

„hast du die Milch gerochen?“

Sie nimmt das Ferkel auf den Arm.

„Ich bringe dich zu deiner Mama.

Sie vermisst dich schon.“

Niki quiekt fröhlich.

Infoseite
Tiere auf dem Bauernhof

Hühner picken gern im Mist, weil sie dort viele Regenwürmer finden. Regenwürmer schmecken ihnen besonders gut. Aber Hühner fressen auch Gras, Körner, Insekten und sogar Küchenreste. Deswegen nennt man sie auch „Allesfresser“.

Kühe zerbeißen das Gras nicht. Sie rupfen es und schlucken es unzerkaut. Sie haben vier Mägen und diese sind sehr empfindlich. Kühe sollten also wirklich keine Süßigkeiten essen.

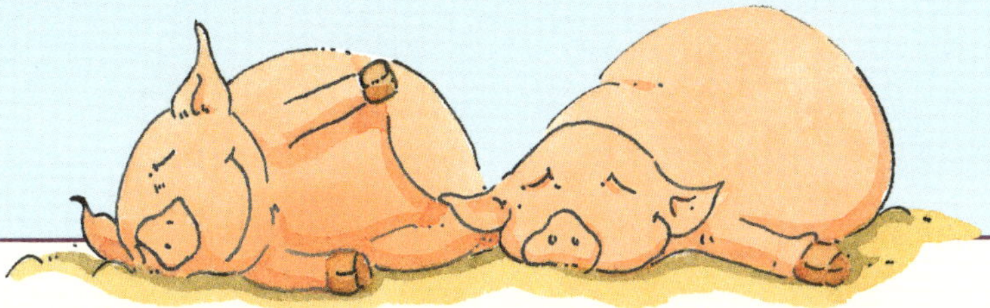

Schweine lieben es, sich im Matsch zu suhlen. Dabei kühlen sie sich ab, denn sie können nicht schwitzen. Außerdem reinigt das Suhlen ihre Haut. Schweine sind also eigentlich sehr saubere Tiere – im Gegensatz zu ihrem Ruf.

Ziegen gehören zu den ältesten Haustieren der Menschen. Früher waren sie sogar Lasttiere wie Esel. Ziegen geben Milch, aus der man auch Käse und sogar Eis herstellen kann. Zum Glück für Menschen, die keine Kuhmilch vertragen!

Lösungen

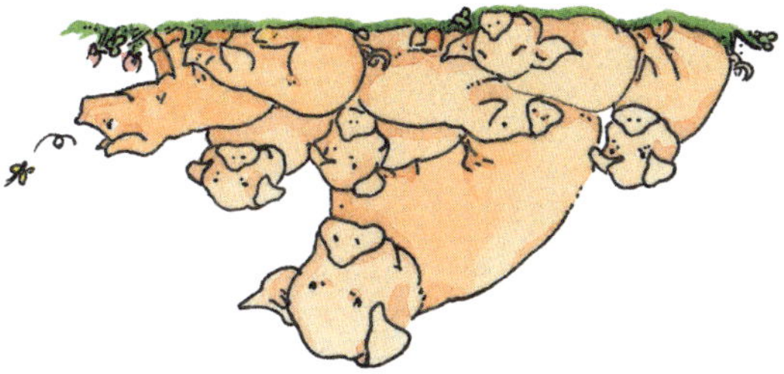

S. 62 / 63:

Milla und ihre Mutter fahren mit
dem Auto zu Oma.
Millas Oma hat einen Bauernhof.
Trude hat Ferkel bekommen.
Trude hat sieben Ferkel.
Lösungswort: NIKI
Die Anfangsbuchstaben der Ferkelnamen
ergeben das Lösungswort SCHWEIN.

S. 68 / 69:

Hilda ist eine Ziege.
Mona hat Heu gefressen.
Millas Mutter fährt den Traktor.
Lösungswort: KUH
Der ELEFANT lebt nicht
auf dem Bauernhof.

Paul blinkt SOS

Eine Geschichte von Wolfram Hänel
und Ulrike Gerold
mit Bildern von Gerhard Schröder

Stromausfall

Paul hat sich die Bettdecke
über den Kopf gezogen.
In der einen Hand
hält er eine Taschenlampe,
in der anderen sein Buch.

Es ist gemütlich unter der Decke.
Es stört Paul auch nicht,
dass er manchmal pupsen muss.
Zum Mittagessen gab es Bohnen!
Die Piraten in Pauls Buch
essen auch ständig Bohnen.
Jetzt sind sie in einem Sturm
mitten auf dem Meer.
Es blitzt und donnert.

Die Taschenlampe flackert.
Dann geht sie plötzlich aus.
Paul schüttelt sie, aber das hilft nichts.
Er streckt den Kopf
unter der Decke hervor.
Ein Blitz zuckt über den Himmel.
Pauls Vater steht in der Tür.

„Der Strom ist ausgefallen“, erklärt er.
„Nichts geht mehr.
Kein Licht, kein Computer,
noch nicht mal das Telefon!
Weißt du, wo die Taschenlampe ist?“
„Die habe ich“, sagt Paul.
„Aber die Batterien sind leer.“

Pauls Vater verschwindet in der Küche,
um neue Batterien zu suchen.
Paul tapst über den dunklen Flur
hinter ihm her.

„Glück gehabt", sagt Pauls Vater.
In einer Schublade liegen
Knöpfe, Gummis, Stifte, eine Mausefalle
und – neue Batterien.

Pauls Vater steckt die Batterien
in die Taschenlampe.
Aber als er die Lampe anknipst,
leuchtet sie immer noch nicht.
„Zeig mal!“, sagt Paul.
Er nimmt die Batterien heraus
und dreht sie um.
„Du hast Plus und Minus verwechselt“,
kichert er.

Leserätsel

Was stimmt?
Kreuze an.

Pauls Vater hat eine Kerze in der Hand,

- [ ] weil er den Lichtschalter nicht findet.
- [ ] weil Weihnachten ist.
- [ ] weil der Strom ausgefallen ist.

Die Pole einer Batterie nennt man

- [ ] An und Aus.
- [ ] Plus und Minus.
- [ ] Nord und Süd.

Die Schubladen müssen dringend aufgeräumt werden. Bringe die Buchstaben in die richtige Reihenfolge!

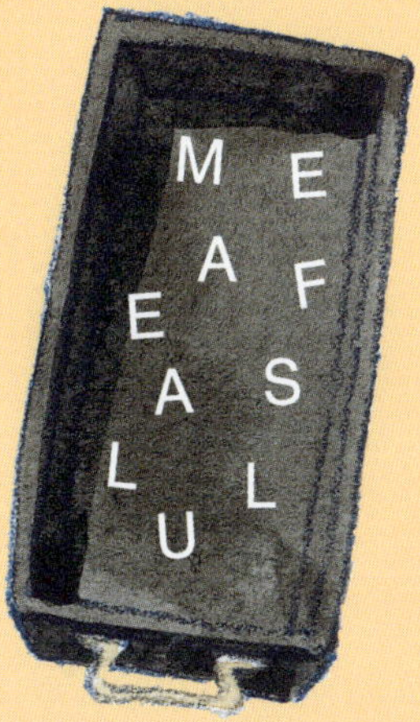

Einbrecher?

Der Regen trommelt laut
gegen die Fenster.
Aber das Gewitter ist vorbei.
Nur das Licht geht immer noch nicht.
Von oben ruft Pauls Mutter.
Paul und sein Vater
tasten sich die Treppe hoch.

„Da war eben irgendwas“,
sagt Pauls Mutter aufgeregt.
Sie zeigt auf das Haus gegenüber.
„Ein Lichtschein hinter dem Fenster,
wie von einem Einbrecher!“
Gegenüber blitzt eine Taschenlampe auf:
dreimal kurz, dreimal lang, dreimal kurz.

„Keine Panik“, sagt Paul.
„Das ist nur Hendrik. Er blinkt SOS.“
Hendrik wohnt im Nachbarhaus
und ist Pauls bester Freund.
„Was?“, fragt Pauls Vater
und kapiert überhaupt nichts.
Auch Pauls Mutter guckt verwirrt.

„Hendrik hat ein Buch,
in dem steht, wie man SOS blinkt.
SOS ist ein Hilferuf für Schiffe
in Seenot. Und unser geheimes
Zeichen“, erklärt Paul.
Deshalb blinkt Paul auch zurück:
dreimal kurz, dreimal lang, dreimal kurz.

Dann sagt Paul:
„Es ist alles okay.
Wir können wieder ins Bett gehen.“
Dabei hält er sich
die Taschenlampe unters Kinn.
Jetzt sieht er aus wie ein Monster.
Pauls Mutter schreit auf.
Paul und sein Vater lachen.

Plötzlich geht das Licht wieder an.
„Die Stadtwerke haben anscheinend
den Fehler gefunden.
Schade, es wurde gerade gemütlich“,
gähnt Pauls Vater.
„Ein Einbrecher und ein Monster
reichen mir“, sagt Pauls Mutter.

Leserätsel

Wer wohnt im Haus gegenüber?

- [X] Ein Monster
- [Y] Piraten
- [B] Pauls Freund Hendrik

Wie blinkt man SOS?

- [S] Einmal kurz, dreimal lang, einmal kurz

  • — — — •

- [T] Dreimal kurz, dreimal lang, dreimal kurz

  • • • — — — • • •

- [U] Dreimal kurz, einmal lang, dreimal kurz

  • • • — • • •

Was ist SOS eigentlich?

- G Ein Hilferuf für Schafe
- I Ein Hilferuf für Schiffe
- H Ein Hilferuf für Schisser

Setze die richtigen Buchstaben ein und du weißt, was Paul zum Geburtstag bekommen hat:

neue __ A T __ E R __ E N

Gute Nacht

Paul nimmt die Taschenlampe.
Er will schnell wieder
in seinem Zimmer verschwinden.
„Die Taschenlampe bleibt hier.
Jetzt wird geschlafen.“

Paul kriecht in sein Bett
und ärgert sich ein bisschen.
Er hätte gerne noch
die spannende Piratengeschichte
zu Ende gelesen.
Ob die Piraten
auch SOS geblinkt haben?
Pauls Mutter kommt noch
einmal ins Zimmer.

„Die Piraten wären bestimmt froh gewesen, wenn sie damals schon Taschenlampen gehabt hätten“, murmelt Paul.
„Gute Nacht“, flüstert seine Mutter und macht das Licht aus.

Paul kuschelt sich in seine Bettdecke.
Unter seinem Kissen ist etwas Hartes.
Paul schiebt die Hand darunter.
Dann grinst er.
Seine Mutter hat ihm
die Taschenlampe dagelassen!

Infoseite
Es gibt viele verschiedene Taschenlampen:

die Taschenlampe früher

Stirnlampe

Stablampe

Pauls Taschenlampe

Handscheinwerfer

Taucherlampe

Schlüsselleuchte

Es gibt auch Taschenlampen, die keine Batterien brauchen.

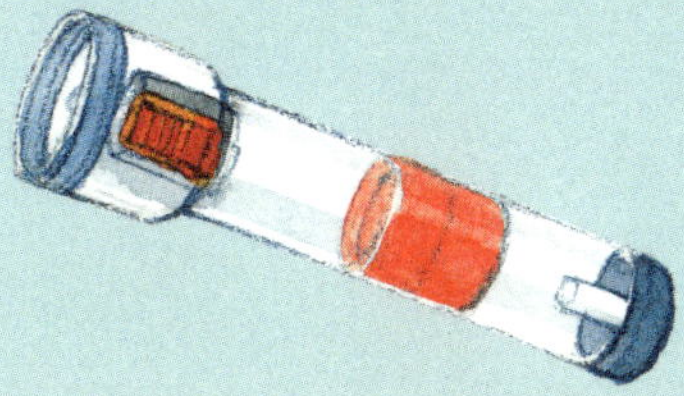

Schüttellampen werden durch Schütteln aufgeladen.

Dynamo-Taschenlampen werden durch Kurbeln aufgeladen.

Lösungen

S. 88 / 89:

Pauls Vater hat eine Kerze in der Hand,
weil der Strom ausgefallen ist.
Die Pole einer Batterie nennt man Plus und Minus.
Stifte, Knöpfe, Gummis, Mausefalle

S. 96 / 97:

Im Haus gegenüber wohnt Pauls Freund Hendrik.
SOS blinkt man dreimal kurz,
dreimal lang, dreimal kurz.
SOS ist ein Hilferuf für Schiffe.
Lösungswort: neue BATTERIEN

Conni ist nicht feige

Eine Geschichte von Julia Boehme
mit Bildern von Herdis Albrecht

So ein Mistkerl!

Conni schlüpft in ihren roten Badeanzug.
„Eine tolle Idee, schwimmen zu gehen!“
„War ja auch meine!“ Anna lacht.
Eigentlich wollten sie heute im Park
Inliner fahren.
Aber bei dem Regen ist es viel besser,
in die Schwimmhalle zu gehen.
Anna ist auch schon fertig umgezogen.
Schnell verstauen sie ihre Sachen.
Natürlich teilen sich beide einen Schrank.
Schließlich sind Conni und Anna
die allerbesten Freundinnen.
Nachdem sie geduscht haben, gehen sie
gleich zum großen Schwimmbecken.
„Mal sehen, ob wir jemanden kennen.“
Conni schaut sich um.
„Oh, nein! Da ist ja Torben!“
„Na, toll!“, stöhnt Anna.

Warum müssen sie im Schwimmbad ausgerechnet den blödesten Jungen der Klasse treffen?
„Und guck dir das an!“, ruft Conni empört.
Torben versucht, einen Jungen ins Becken zu schubsen!
Einen, der viel kleiner ist als Torben.
„Nicht! Lass das!“, ruft der Junge.
Doch Torben lacht nur.
„Dieser Mistkerl!“, zischt Anna.

„Du da, mit der grünen Badehose, hör sofort auf zu rangeln!“, dröhnt der Schwimmmeister durch den Lautsprecher. Doch Torben hört gar nicht zu. Er hat den kleinen Jungen im Schwitzkasten und zerrt ihn zum Beckenrand. Da tippt Conni Torben energisch an die Schulter. „He, der meint dich!“

Torben wirbelt herum.
Schnell nutzt der Junge die Gelegenheit
und entwischt.
„Spinnst du!“ Torben funkelt Conni an.
Conni funkelt zurück.
„Wenn hier einer spinnt, dann du!“, ruft sie.
„Ausgerechnet so einen Kleinen suchst
du dir aus. Du bist ja so was von feige!“
Torben wird knallrot im Gesicht.
Das hat ihm noch keiner gesagt!
„Ich und feige?“
Wütend schaut er sich um.
Der Schwimmmeister ist gerade dabei,
den Sprungturm freizugeben.
Torben grinst plötzlich.
„Bist du schon mal vom Dreier
gesprungen?“, fragt er lauernd.
Conni schüttelt den Kopf.
„Dann bist du feige!“ Torben strahlt.

Anna schnaubt fassungslos.
„Ich? Von wegen!“, ruft Conni.
„Na, dann zeig mal, wie mutig du bist,
und spring doch! Und zwar jetzt gleich.“
Conni zögert. Vom Einer ist sie schon oft
gesprungen. Sogar mit Köpper.
Aber vom Dreier …
„Conni traut sich nicht!“, johlt Torben.
„Hör auf, du Spinner“, zischt Anna.
„Du traust dich nicht! Du traust dich nicht!“
Torben ruft noch lauter.

Conni kneift die Augen zusammen.
„Natürlich trau ich mich!“
Schon ist sie unterwegs zu den Sprungtürmen. Anna läuft hinterher.
„Du willst doch nicht wirklich springen?“, fragt sie. „Der Dreier ist soooo hoch!“
Conni geht entschlossen weiter.
„Wenn sich sogar Torben traut, kann ich das auch!“
Sie reiht sich in die kleine Schlange ein.
Ganz schön mutig, findet Anna.

Vier Jungen stehen vor Conni, alle viel älter als sie. Die haben bestimmt schon alle Schwimmabzeichen der Welt!
Conni schaut zu, wie einer nach dem anderen hinunterspringt. Sieht gar nicht so schlimm aus, oder?
Jetzt ist sie dran. Conni guckt nach oben. Die Leiter zum Dreier ist steil. Die Stufen und das Geländer sind nass und glitschig.
„Was, wenn ich ausrutsche?“, denkt Conni.
Torben steht hinter ihr und drängelt.
„Los, mach schon!“, brüllt er.
Also steigt Conni die Leiter hoch.
Ganz langsam. Stufe für Stufe.
Ihr ist, als ob alle im Schwimmbad ihr dabei zugucken. Endlich ist sie oben.
Vorsichtig beugt sie sich übers Geländer.
Unten stehen Anna und Torben und schauen zu ihr hinauf.
Von oben sehen sie richtig winzig aus.

Warum ist sie hier
hochgeklettert?
Connis Beine werden
plötzlich ganz weich.
Weich wie Knetgummi.

Leserätsel

Was stimmt? Kreuze an:

Conni und Anna teilen sich ...

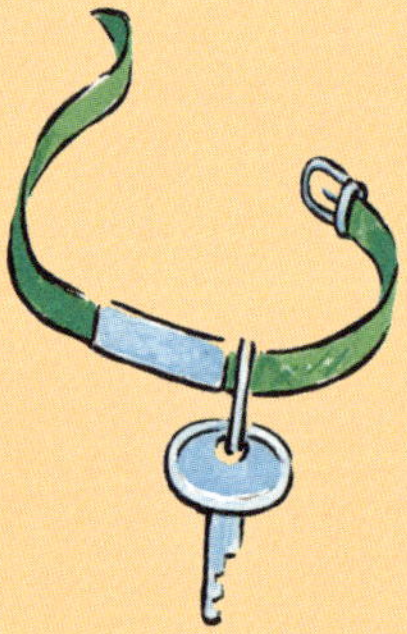

6 ein Butterbrot.

4 einen Bikini.

1 einen Schrank.

Der Schwimmmeister spricht durch ein/einen …

3 Leisesprecher.

1 Megafön.

8 Telefon.

5 Lautsprecher.

Torben …

9 hat eine grüne Badehose an.

2 ist der schönste Junge der Klasse.

7 gibt Conni einen Kuss.

Schreibe die Zahlen der richtigen Antworten nebeneinander. Dann kennst du Connis und Annas Schranknummer.

___ ___ ___

Was passt ins Schwimmbad? Kreise die neun versteckten Wörter ein.

C	W	A	S	S	A	R	U	D	S	C	H
A	S	P	R	U	N	G	T	U	R	M	B
E	C	D	R	E	I	E	R	F	U	B	L
C	H	O	C	K	Ö	P	P	E	R	A	E
M	W	U	L	L	S	O	M	U	P	D	I
U	I	F	B	E	C	K	E	N	U	E	T
D	M	M	E	I	S	F	N	R	A	H	T
Ö	M	P	O	T	S	R	A	G	N	O	P
S	E	I	N	E	R	D	S	Ü	M	S	E
E	N	M	O	R	T	W	S	E	M	E	Ä

Wer ist feige?

Immer noch steht Conni oben
auf dem Dreier. Und immer noch
sind ihre Beine weich wie Knetgummi.
Wie soll sie da bloß weitergehen?
Ängstlich starrt sie auf das Sprungbrett.
Es ist lang und schwarz. Und rau.
Das kann Conni mit den Füßen fühlen.
Das Schlimmste ist:
Es gibt kein Geländer mehr,
an dem sie sich festhalten könnte.
Was für ein Albtraum!
Der Schwimmmeister gibt ihr
ein Zeichen.
„Los, spring! Es ist alles frei!“
Conni gibt sich einen Ruck und
geht vorsichtig einen Schritt vor.
Das Brett wippt gefährlich.
Conni wird ganz schlecht.
„Hilfe“, denkt sie. „Hilfe, Hilfe, Hilfe!“

Sie schaut zu Anna hinunter. Aber die kann ihr jetzt auch nicht mehr helfen.

„Schlaf nicht ein!“, grölt Torben von unten.

„Du blöder Mistkäfer!“, denkt Conni wütend.

„Na warte, dir zeig ich’s!“

Schrittchen für Schrittchen geht sie nach vorne.

Bis sie an der Kante steht.

Unter ihr liegt das Schwimmbecken.
Durch das hellblaue Wasser kann sie
die Linien auf dem Boden sehen.
Conni schluckt. Ist das entsetzlich hoch!
„Drei Meter?“, denkt sie. „Von wegen!
Drei Kilometer sind das – mindestens!“
Hinter ihr warten schon die Nächsten.
Der Schwimmmeister winkt ungeduldig.
„Es wollen auch noch andere springen!

Wenn du dich nicht traust,
komm einfach wieder die Leiter runter!“
Die glitschige Leiter? Conni schüttelt sich.
Da steigt sie nicht wieder runter.
„Springen ist auch nicht viel schlimmer“,
denkt sie. Also los!
Ganz tief atmet sie ein.
Sie presst die Arme an den Körper
und macht sich steif.
So wie sie es bei den anderen gesehen hat.
Ihr Herz rast.

„Bloß keinen Bauchklatscher machen!“, denkt sie. Und dann springt sie. Es geht alles ganz schnell. Sie saust durch die Luft. Schon taucht sie ins Wasser ein.

Tausende von Luftblasen kribbeln um sie, als sie hinuntergezogen wird. Doch im nächsten Moment treibt sie schon wieder nach oben. Wie von selbst schwimmt Conni an die Wasseroberfläche. Sie schnappt nach Luft. „So schlimm war das gar nicht“, denkt sie überrascht. Es hat sogar Spaß gemacht. Conni guckt zum Beckenrand. Anna lacht und klatscht in die Hände. Und Torben? Er guckt gar nicht glücklich.

Conni winkt ihm fröhlich zu.
Schnell schwimmt sie zur Treppe und steigt aus dem Wasser. Sie geht zu den beiden hinüber.

„Und? Bin ich feige?“, fragt sie Torben.
Er beißt sich auf die Lippen.
„Nein“, antwortet er kleinlaut.
„Eben!“, lacht Conni.
„Und jetzt bist du dran!“

„Ich?“, fragt Torben entsetzt.

„Klar, du“, grinst Conni. „Ich bin ja schon gesprungen.“

„Ich auch“, behauptet Torben einfach.

„Dann kannst du bestimmt auch ein zweites Mal springen“, sagt Anna spitz.

Conni nickt.

„Oder traust du dich etwa nicht?“

„Doch, klar“, murmelt Torben. Er ist ganz blass geworden. „Aber nicht heute. Ich muss nämlich dringend nach Hause.“

„Jetzt plötzlich!“, grinst Conni.

„Ja, ja“, nickt Torben.
Er hat es auf einmal sehr eilig.
„Aber nächstes Mal springst du!“,
ruft Conni ihm hinterher.
Doch Torben ist schon auf und davon.
„Der ist garantiert noch nie vom Dreier
gesprungen!“, kichert Conni.
„Aber du schon“, sagt Anna. „Das war
echt super von dir! Und weißt du was?
Ich springe jetzt auch gleich!“

Leserätsel

Bringe die Bilder in die richtige Reihenfolge:

Lösungswort:

___ ___ ___ ___ ___

Ergänze die Sätze:

Das Sprungbrett ist L _ _ _,
S _ _ W □ _ Z und _ A _.

Durch das Wasser kann Conni
die L I □ _ _ _
auf dem B O _ _ _ sehen.

Als Conni S P _ _ _ □ T,
macht sie sich ganz _ T _ _ F.

Wie von selbst □ _ _ W I _ _ □
Conni an die
W A S S E R O _ _ _ _ L _ C H _.

Warum hat es Torben plötzlich so eilig?
Die Buchstaben in den Kästchen
verraten dir die Lösung:

Torben hat □ □ □ □ □.

Infoseite
Diese Schwimmabzeichen möchten Conni und Anna machen:

Frühschwimmer (Seepferdchen)

Das Seepferdchen-Abzeichen haben die beiden schon: Sie mussten vom Beckenrand springen, 25 Meter schwimmen und einen Ring aus schultertiefem Wasser herausholen. Kenntnis von Baderegeln.

Deutsches Jugendschwimmabzeichen Bronze (Freischwimmer)

Sprung vom Beckenrand und mindestens 200 Meter Schwimmen in zwei unterschiedlichen Körperlagen in höchstens 15 Minuten. Einmal ca. 2 Meter Tieftauchen mit Heraufholen eines Gegenstandes. Paketsprung aus 1 Meter Höhe oder vom Startblock. Kenntnis von Baderegeln.

Deutsches Jugendschwimmabzeichen Silber

Startsprung und mindestens 400 Meter Schwimmen in höchstens 20 Minuten, davon 300 Meter in Bauch- und 100 Meter in Rückenlage. Zweimal ca. 2 Meter Tieftauchen mit Heraufholen je eines Gegenstandes.
Sprung aus 3 Meter Höhe oder 2 verschiedene Sprünge aus 1 Meter Höhe. 10 Meter Streckentauchen.
Kenntnis von Baderegeln und Selbstrettung.

Deutsches Jugendschwimmabzeichen Gold

Sprung kopfwärts und 800 Meter Schwimmen in höchstens 30 Minuten, davon 650 Meter in Bauch- oder Rückenlage und 150 Meter in der anderen Körperlage.
Startsprung und 25 Meter Kraulschwimmen. 50 Meter Rückenschwimmen. 10 Meter Streckentauchen ohne Abstoßen vom Beckenrand. Dreimal ca. 2 Meter Tieftauchen mit Heraufholen je eines Gegenstandes innerhalb von 3 Minuten. Sprung aus 3 Meter Höhe oder 2 verschiedene Sprünge aus 1 Meter Höhe.
50 Meter Transportschwimmen: Schieben oder Ziehen.
Startsprung und 50 Meter Brustschwimmen in höchstens 1:15 Minuten.
Kenntnis von Baderegeln und Hilfe bei Bade-, Boots- und Eisunfällen (Selbstrettung und einfache Fremdrettung).

S. 116/117:

Conni und Anna teilen sich einen Schrank.
Der Schwimmmeister spricht durch einen Lautsprecher.
Torben hat eine grüne Badehose an.
Connis und Annas Schrank hat die Nummer 159.

C	W	A	S	S	A	R	U	D	S	C	H
A	S	P	R	U	N	G	T	U	R	M	B
E	C	D	R	E	I	E	R	F	U	B	L
C	H	O	C	K	Ö	P	P	E	R	A	E
M	W	U	L	L	S	O	M	U	P	D	I
U	I	F	B	E	C	K	E	N	U	E	T
D	M	M	E	I	S	F	N	R	A	H	T
Ö	M	P	O	T	S	R	A	G	N	O	P
S	E	I	N	E	R	D	S	Ü	M	S	E
E	N	M	O	R	T	W	S	E	M	E	Ä

S. 126/127:

Lösungswort: MUTIG
Das Sprungbrett ist LANG, SCHWARZ und RAU.
Durch das Wasser kann Conni die LINIEN auf dem BODEN sehen.
Als Conni SPRINGT, macht sie sich ganz STEIF.
Wie von selbst SCHWIMMT Conni an die WASSEROBERFLÄCHE.
Torben hat ANGST.

Alarm im Zoo!

Eine Geschichte von Rudolf Herfurtner

mit Bildern von Dorothea Tust

Ausflug zum Zoo

Frau Bodes Klasse geht heute in den Zoo.
„Dass mir keiner verloren geht!“, ruft sie.
Frau Bode schaut ihre Klasse streng an,
vor allem Philipp, den alle Fips nennen.
Fips ist der Kleinste und ein Träumer.
Wenn alle das riesige Nashorn bestaunen,
dann sieht er den kleinen Vogel,
der auf dem Rücken des Nashorns sitzt.
Wenn alle die Elefanten anschauen,
dann entdeckt er eine Libelle, die blau und
silbern über dem Wassergraben schwebt.

Sie gehen ins Aquarium. Da ist es dunkel.
Alle wollen die gefährlichen Haie sehen.
Aber Fips bewundert lieber ein
Seepferdchen. Ganz lange bewundert er
das Seepferdchen.
Und deshalb passiert das Unglück.

Als Frau Bode vor dem Aquarium
die Kinder zählt, ist Fips weg.
„Im Aquarium war er noch da!“,
rufen die Kinder aufgeregt.
Frau Bode läuft sofort zurück, um Fips
zu suchen, aber sie kommt zu spät.
Fips hat gemerkt, dass die Klasse weg ist.
Nur noch fremde Leute! Es ist so dunkel.
Wo ist Frau Bode? Wo ist der Ausgang?
Er findet eine Tür. ZUTRITT VERBOTEN
steht darauf. Fips läuft durch diese Tür.
Frau Bode sieht die Tür auch.
Sie weiß nicht, dass Fips gerade
dahinter verschwunden ist.

Fips läuft einen Gang entlang, geht wieder durch eine Tür. Und dann ist er draußen. Aber nicht vorne, wo alle sind, sondern hinter den Gehegen. Da dürfen Besucher eigentlich gar nicht hin.

Fips will da auch gar nicht sein.

Er will zu seiner Klasse. Zu Frau Bode.

Raus hier! Aber wo geht es hier raus?

Linksrum? Es riecht nach Raubtier.

Er hört einen Löwen brüllen. Also lieber nicht nach links! Am Ende gerät er noch in das Löwengehege.

Fips geht nach rechts und kommt
zu einer Gittertür. Geht es da raus?
Ja. Er sieht die Leute draußen.
Aber die Gittertür ist mit einer Kette
verschlossen.
Er geht an dem Gitter entlang.
Dahinter ist ein Gehege. Aber Fips
sieht nicht, was für Tiere da leben.
Die Büsche sind zu hoch.
Fips hört die Leute auf der anderen Seite.
Hier bei ihm ist es ganz still. Oder?
Fips hört den Wind und die Vögel.
Und ein Kätzchen. Es schreit erbärmlich.
Es hat Angst.

Fips sieht das Kätzchen sofort.
Es sitzt auf einem Baum, der vor
dem Gehege steht. Ein Ast reicht weit
über den Zaun in das Gehege hinein.
Auf diesem Ast sitzt das Kätzchen.
Es ist noch sehr klein. Und der Baum
ist sehr hoch.
„Es kann nicht mehr herunter“,
denkt Fips. „Ich muss hinaufklettern
und es retten.“

Wo der Baum steht, kann man
in das Gehege hineinschauen:
Eine Hütte sieht Fips und hohes Gras.
Ein paar tote Baumstämme.
Und Hyänen. Ein ganzes Rudel
schrecklicher Hyänen! Ein paar liegen
faul im Gras. Aber zwei Hyänen haben
das Kätzchen gehört und kommen jetzt
langsam auf den Baum zu.

Die Hyänen können sehr gut hören
mit ihren großen Ohren. Sie haben
das Kätzchen schnell entdeckt.
Sie fletschen die Zähne und stellen sich
auf die Hinterbeine.
Aber sie reichen nicht an den Ast heran.
„Ich muss einen Tierpfleger finden“,
denkt Fips. „Der kann das Kätzchen retten!“
„Sei still, Kätzchen!“, ruft er.
„Sonst kommen noch mehr Hyänen!“
Doch das Kätzchen schreit weiter.
Die anderen Hyänen haben jetzt auch
Beute gewittert. Ist denn hier nirgendwo
ein Tierpfleger?

Leserätsel

Was steht auf der Tür,
die Fips entdeckt?

- ☐ ZUTRITT ERLAUBT
- ☐ BITTE TRETEN
- ☐ ZUTRITT VERBOTEN
- ☐ TRETEN VERBOTEN

Hier siehst du vier Tiere. Eines davon ist eine Hyäne. Kreuze das richtige Tier an.

☐ 

☐ 

☐ 

☐ 

Wie heißen die Tiere, vor denen das Kätzchen Angst hat?

__ __ __ __ __ __.

Jetzt wird es schwierig: Was stimmt?

- [ ] Hyänen haben vier Beine.
- [ ] Hyänen sind taub.
- [ ] Hyänen können gut hören.
- [ ] Hyänen sprechen Französisch.

* Das ist französisch und heißt: „Hallo! Wie geht's?"
Du sprichst es in etwa so aus: „Bonschur, ßa wa?"

Rettung für das Kätzchen

Die Hyänen kommen schnell näher.
Bald drängelt sich das ganze Rudel
unter dem Ast. Fips kann sie riechen.
Sie riechen nicht gut.
Er kann ihre Zähne sehen,
lange, scharfe Zähne.
Und er sieht ihre Gier. Sie wollen nichts
als dieses arme Kätzchen!
Fips schaut sich um. „Hilfe!“, ruft er.
„Warum kommt denn keiner?“
Das Kätzchen versucht, auf dem Ast
zurück zum Stamm zu kriechen.

Plötzlich rutscht es ab.
Das Kätzchen schreit auf, aber es kann sich mit den Vorderpfoten am Ast festhalten.
Die Hyänen werden fast verrückt vor Gier.
Fips überlegt keinen Augenblick länger.
Er ist vielleicht ein Träumer, aber dass er jetzt das Kätzchen retten muss, das ist klar.
Er wirft seinen Rucksack von sich und klettert auf den Baum. Fips ist zwar klein, aber ein guter Kletterer. Doch als er oben auf dem Ast angekommen ist, zögert er.

Erstens sieht er die wütenden Hyänen unter sich. Und zweitens das Kätzchen. Das hat es gerade geschafft, sich wieder auf den Ast hochzuziehen. Hoffentlich erschrickt es nicht, wenn es Fips sieht!
„Komm!“, lockt Fips ganz leise. „Komm, Kätzchen! Komm doch her zu mir!“
Das Kätzchen schaut Fips an. Sein Fell ist gelblich mit schwarzen Streifen an den Beinen. Es fiept leise und dann kriecht es wirklich zu Fips herüber.
Fips packt es und drückt es ganz fest an sich.

Im selben Augenblick sieht er auf der anderen Seite des Geheges seine Klasse.
Und die Kinder sehen ihn,
weil er heftig winkt.
Sie winken zurück. Er hört die Kinder rufen:
„Da ist er! Da ist Fips! Fips!"
Fips winkt weiter. Aber er ruft nicht,
um das Kätzchen nicht zu erschrecken.

Im nächsten Augenblick taucht unter dem Baum ein Tierpfleger auf.
„Bleib da, um Himmels willen!“, ruft er.
„Rühr dich bloß nicht von der Stelle!“
Er rollt einen Wasserschlauch auf und spritzt damit die Hyänen nass.
Die heulen auf und rennen davon.

Ein zweiter Tierpfleger kommt mit einer Leiter und holt Fips und das Kätzchen vom Baum.
Dann kommt auch noch Frau Bode angerannt. Als sie sieht, dass Fips gerettet ist, muss sie weinen vor Glück.
Sie nimmt ihren verlorenen Träumer ganz fest in den Arm.
Die Umarmung tut gut. Aber es ist Fips auch ein bisschen peinlich, weil ihn die anderen Kinder sehen können.

„Mein lieber Mann, das war aber gefährlich!“, sagt der erste Tierpfleger und nimmt Fips das Kätzchen ab.
„Und eigentlich absolut verboten!“, sagt der andere.
„Ja“, stöhnt da Frau Bode. „Wie kommst du nur hier hinter die Gehege?“
„Ich weiß auch nicht“, sagt Fips. „Plötzlich war ich ganz allein im Aquarium.“
„Na, immerhin hat er unsere kostbare kleine Wildkatze wiedergefunden, die wir schon vier Tage lang verzweifelt gesucht haben. Ich würde sagen, er hat sich ein großes Eis verdient. Hier hast du Geld.“

„Na ja“, sagt Frau Bode verlegen. „Ab jetzt weichst du mir nicht mehr von der Seite. Ich bin fast gestorben vor Angst!“

„Mich wundert“, sagt da der erste Tierpfleger, „dass sie zu dir hergekommen ist. Wildkatzen sind nämlich sehr scheu.“

„Die hat einfach gemerkt, dass ich ihr nichts Böses tue“, sagt Fips.

„Ja, wahrscheinlich“, sagt Frau Bode. „Aber jetzt raus hier! Damit mir nicht noch einer verloren geht.“

„Essen wir ein Eis, Frau Bode?“, fragt Fips vorsichtig.

„Ja, und zwar alle“, sagt Frau Bode. „Wir haben uns alle eins verdient!“

Leserätsel

Was stimmt? Kreuze die richtigen Antworten an!

- ☐ Frau Bode gibt Fips eine Ohrfeige.
- ☐ Frau Bode küsst die Tierpfleger.
- ☐ Frau Bode muss weinen.
- ☐ Frau Bode nimmt Fips in den Arm.
- ☐ Frau Bode streichelt eine Hyäne.

Im Zoo leben viele Tiere.
Kennst du diese hier?

_ O _ _

I M _ _ _ _

_ _ _ E

_ R _ _ _ D _ _

_ _ O _ _ _ _ L

_ _ F _

T _ _ _ _

_ E _ _ _

_ L _ _ A _ _

Wenn du die ersten Buchstaben dieser Zootiere hintereinander aufschreibst, ergibt sich ein Lösungswort:

_ _ _ _ _ _ _ _ _

Infoseite
Tiere der afrikanischen Savanne

Viele dieser Tiere kannst du im Zoo bewundern.
Hier siehst du sie in ihrem natürlichen Lebensraum.

Lösungen

S. 142/143:

Auf der Tür steht
ZUTRITT VERBOTEN.
So sieht eine Hyäne aus:

Die Tiere, vor denen
das Kätzchen Angst hat,
heißen HYÄNEN.
Hyänen haben vier Beine.
Hyänen können gut hören.

S. 152/153:

Frau Bode muss weinen.
Frau Bode nimmt Fips in den Arm.
WOLF, IMPALA, LÖWE,
DROMEDAR, KROKODIL, AFFE,
TIGER, ZEBRA, ELEFANT
Das Lösungswort lautet: WILDKATZE.

Lesen lernen mit der Lesemaus

Liebe Eltern,

alle Kinder wollen lesen lernen. Sie sind von Natur aus wissbegierig. Diese Neugierde Ihres Kindes können Sie nutzen und das Lesenlernen frühzeitig fördern. Denn Lesen ist die Basiskompetenz für alles weitere Lernen. Aber Lesenlernen ist nicht immer einfach. Es ist wie mit dem Fahrradfahren: Man lernt es nur durch Üben – also durch Lesen.

Lesespaß mit Lesepass

Je regelmäßiger Ihr Kind übt, desto schneller und besser wird es das Lesen beherrschen. Eine schöne Motivation kann dabei ein Lesepass sein, den Sie zusammen mit Ihrem Kind basteln können.
Vereinbaren Sie mit ihm eine kleine Belohnung, die es für eine bestimmte Anzahl an Trainingsminuten gibt.
Eine Leseeinheit können zum Beispiel 10 Minuten sein.
Für jede Leseeinheit gibt es einen Sammelpunkt – und nach einer zu vereinbarenden Anzahl von Punkten dann die kleine Belohnung.

Wie können Sie Ihr Kind beim Lesenlernen unterstützen?

Je positiver Kinder das Lesen erleben, desto motivierter sind sie, es selbst zu lernen. Versuchen Sie, Ihrem Kind

ein Vorbild zu sein. Zeigen Sie Ihrem Kind, dass Lesen und Schreiben zum Alltag gehören. Etablieren Sie gemeinsame Leserituale. So erfährt Ihr Kind: Lesen macht Spaß!
Lesen Sie Ihrem Kind mindestens bis zum Ende der Grundschulzeit vor. Auch wenn Ihr Kind zunehmend eigenständig liest, bleibt das Vorlesen ein schönes und sinnvolles Ritual.

Lesen lernen mit der Lesemaus

Jedes Kind lernt unterschiedlich schnell lesen. Orientieren Sie sich bei der Auswahl von Erstlesebüchern daher an den Interessen und Lesefähigkeiten Ihres Kindes. Die Geschichten sollen Ihr Kind fordern, aber nicht überfordern. Die Lesemaus zum Lesenlernen bietet spannende und leicht verständliche Geschichten für Leseanfänger. Altersgerechte Illustrationen helfen, das Gelesene zu verstehen.
Mit lustigen Leserätseln können die Kinder ihre Lernerfolge spielerisch selbst überprüfen. Außerdem gibt es in jedem Band interessante Sachinfos für Jungen und Mädchen.

Ihnen und Ihrem Kind viel Spaß beim Lesen!

Lesenlernen mit Spaß

978-3-551-06638-1

978-3-551-06642-8

978-3-551-06645-9

978-3-551-06651-0

978-3-551-06654-1

Mit der Lesemaus

978-3-551-06641-1

978-3-551-06648-0

978-3-551-06652-7

978-3-551-06653-4

Mit Minecraft

978-3-551-06844-6

978-3-551-06845-3

978-3-551-06846-0

978-3-551-06847-7

978-3-551-06848-4

Am Meer

Felix und sein Papa
machen Urlaub am Meer.
Die Sonne scheint ganz warm.
Felix geht jeden Tag
an den Strand.
Er sucht Muscheln und
baut eine Sandburg.
„Morgen wandern wir!“,
sagt Papa.
Felix freut sich.
Im Bett schläft er schnell ein.

Am nächsten Morgen
ist Felix ganz früh wach.
Er packt seinen blauen Rucksack.
Ein Fernglas nimmt er auch mit.
Seine gelben Gummistiefel
leuchten im Watt.
Ein Krebs läuft schnell ins Wasser.
Felix findet viele Muscheln, Schnecken
und sogar einen Seestern.
Er sammelt alles
in seinem Kescher.

„Schau mal“,
ruft Felix.
„Dahinten liegt ein Hund!“
Papa sieht durch das Fernglas.
„Das ist kein Hund“,
sagt er.
„Das ist ein junger Seehund.
Er hat seine Mutter verloren.
Deswegen nennt man ihn Heuler.“

„Können wir ihn mitnehmen?“,
bettelt Felix.
„Nein“, antwortet Papa.
„Vielleicht kommt
die Seehundmutter bald zurück.“
Felix und Papa setzen sich
auf eine Decke.
Felix holt seine Trinkflasche
aus dem Rucksack.
Dabei beobachtet er den Seehund.

Leserätsel

Was baut Felix am Strand?

S Einen Sandkuchen

U Eine Sandale

M Eine Sandburg

R Ein Sandwich

Was braucht Felix für seinen Ausflug?

A Kartoffel-

E Ruck-

E Fern-

T Trink-

Z Reit-

R Gummi-

Die Buchstaben neben allen richtigen Antworten verraten dir, wo Felix Urlaub macht: am __ __ __ __.

Wie kommt der Seehund zum Fisch?

Unser Versprechen für mehr Nachhaltigkeit

- Klimaneutrales Produkt
- Farben auf pflanzlicher Basis
- Papiere aus nachhaltiger Waldwirtschaft
- Lack auf Wasserbasis
- Hergestellt in Europa

FSC
www.fsc.org
MIX
Papier aus verantwortungsvollen Quellen
FSC® C002795

Sonderausgabe im Sammelband

ISBN: 978-3-551-06654-1
Umschlagillustration und Vorsatz: Sabine Kraushaar
Illustration der Lesemaus: Hildegard Müller
Umschlagkonzeption: Gunta Lauck
Lektorat: Constanze Steindamm
Satz: Karin Kröll
Lithografie: ReproTechnik Fromme, Hamburg

Alle Bücher im Internet: www.lesemaus.de
Newsletter mit tollen Lesetipps kostenlos per E-Mail: www.carlsen.de